Bébetela

CÁLAMO
POESÍA

#37#

Luis Alberto de Cuenca

Bébetela

50 POEMAS DE AMOR Y EROTISMO

Edición y prólogo de Adrián J. Sáez

CÁLAMO POESÍA
Colección dirigida por
César Augusto Ayuso

ISBN: 978-84-19964-28-1
Dep. Legal: P-263/2024

Printed in Spain - Impreso en España
Imprime Gráficas Zamart (Palencia)

Edita: MENOSCUARTO EDICIONES, S.L.
        Cardenal Almaraz, 4 - 1.º F
        34005 PALENCIA (España)
        Tfno. y fax: (+34) 979 70 12 50
        correo@menoscuarto.es
        www.menoscuarto.es

«VOY A EMPEZAR CONTIGO»: INTRODUCCIÓN

Adrián J. Sáez

«Donde nunca»: un poeta del amor

Luis Alberto de Cuenca es un poeta polifacético, de esos que no se pueden definir de buenas a primeras porque gusta de jugar con muchos palos de la baraja literaria y su poética tiene de todo: así, se le puede tener por el mejor embajador de los clásicos, un genio de la ironía, un maestro de la métrica, «el más pop de la Academia y el más académico de los pop» (a decir de Olay Valdés, 2017: 22) o como se quiera porque realmente parece tener mil caras[1]. Sin embargo, Luis Alberto de Cuenca —que es consciente de este baile de etiquetas— tiene muy clara la imagen que quiere dejar para la posteridad:

> Yo creo que las pocas gentes que me recuerden en un futuro próximo [...] lo harán pensando en mí como poeta del amor, ese disfraz amargo de la pulsión erótico que los líricos griegos inventaron y que tanto éxito posterior ha tenido en la vida cotidiana de Occidente («Cinco poemas de Luis Alberto de Cuenca comentados por él mismo», 2015: 29).

Posee, ciertamente, buenas razones para ello, ya que hay amor, mucho amor tanto en su vida y lecturas como en su obra: de entrada, Luis Alberto de Cuenca cuenta con *curriculum* amoroso que —sin ningún interés por el cotilleo morboso— com-

---

[1] Para un acercamiento inicial ver Iravedra (2016: 379-384), Sáez (2018b) y Giménez (2022).

prende un trágico amor de juventud y tres matrimonios con dos rupturas de por medio, por lo que vale como un buen punto de partida; asimismo, esta potencia pasional se ve igualmente en su canon de escritores de cabecera, que está formado por Catulo (González Iglesias, 2013), Safo (Logroño, 2018), Lope de Vega (Rey Hazas, 2013; Sánchez Jiménez, 2019) o Bécquer (Fiddian, 1993), entre muchos otros[2].

En este cruce hay que tener en cuenta que Luis Alberto de Cuenca maneja su vida como material poético según una calculada estrategia de ficción autobiográfica (Lanz, 1994 [1991]): no se trata de un reflejo directo sino de un personaje —o personajes— que se presenta como el yo poético pero que corresponde sólo parcialmente al poeta como una máscara de aspecto sincero que cambia de texto en texto. O, como escribe en el prólogo de *Hecho viruta (Autorretratos 1972-2021):* son «fragmentos apócrifos de vida» (5). Así, la pregunta del millón sobre qué hay de vivencias reales y qué de juego poético tiene verdaderamente poco sentido, ya que en verdad importa la pintura del amor con sus muchos matices en la poesía cuenquista. O, si se prefiere, también en este aspecto vale la técnica de la doble lectura, ya que los poemas amorosos luisalbertianos tienen primero un valor universal (superficial si se prefiere, apto para todos y cada uno), que en ocasiones conecta con una vivencia real del poeta, sin que haga falta conocerla para comprender cabalmente el texto: es la magia de la buena poesía.

«UNA MEZCLA EXPLOSIVA»: AMOR Y EROTISMO EN LUIS ALBERTO DE CUENCA

Sea como fuere, la poesía cuenquista es un auténtico *ars amatoria* 2.0 que presenta el amor en todas sus formas y variaciones: las

---

[2] Al respecto, ver Sáez y Sánchez Jiménez (2019a y 2019b).

mariposas de los primeros días, la pasión más ardiente e historias cotidianas tipo «amor civilizado» —que diría el otro— se cruzan con encuentros nocturnos de alto voltaje, adioses que rompen el alma y hasta el recuerdo *post mortem,* todo contado en diseños cambiantes de forma, sentido y tono. Todos los matices —o sombras— del amor se dan cita en el mundo de Luis Alberto de Cuenca con una preferencia descarada por el erotismo y el tratamiento frecuentemente jocoso (entre el humor y la ironía según los casos) definen una suerte de estética alegre y matinal que se puede caracterizar como poética de las «mañanas triunfantes» (Sáez, 2018b) echando mano de un marbete de Victor Hugo («les matins triomphants», en *Booz endormi* de *La legénde des siècles,* 1859), que se repite en varios lugares de la poesía luisalbertiana.

Así, la dificultad está en la elección. Y eso que el terreno está muy acotado al amor pasional *(eros),* porque igualmente hay lugar en el universo poético cuenquista para la amistad *(philía),* la familia *(storgé)* y la devoción religiosa *(agape),* que constituyen otras formas de amor según Lewis (*The four loves,* 1960) y, de hecho, en ocasiones ganan por la mano[3]: es cierto que hay cambios, pero con la excepción del camuflaje personal del tríptico culturalista *Los retratos-Elsinore-Scholia* (1971, 1972 y 1978), el amor domina en la parte del león de la obra luisalbertiana desde *La caja de plata* (1985), si bien con *El reino blanco* (2010) aparece una preocupación creciente por el paso del tiempo y la cercanía de la muerte que se traduce en una mirada más íntima sobre los pequeños afectos de su entorno y hasta una vuelta a la fe dentro de una suerte de *ciclo de senectute* (Sáez, 2022)[4].

---

[3] Sobre la religión en Luis Alberto de Cuenca ver Sáez (2020c).

[4] Nada o casi nada de amor hay en *Bloc de otoño* (2018), *Después del paraíso* (2021), *El secreto del Mago* (2023) y *El aprendiz de Dios* (2024, que será parte de un libro futuro). Para las dos principales etapas cuenquistas (el culturalismo oscuro inicial y la «línea clara») ver Lanz (1991), si bien hay algún libro *(Scholia y Necrofilia)* que se suele marcar como gozne intermedio y se tiende a marcar deslindes posteriores.

Sea como fuere, parte del trabajo de selección está hecho de antemano, ya que la pasión luisalbertiana se concentra especialmente en algunas secciones de sus libros: «Seis poemas de amor» (*El otro sueño,* 1987, de donde dejo fuera «Los gigantes de hielo»), «El diablo enamorado» (*Sin miedo ni esperanza,* 2002) aprovecha la obra de Cazotte en primera persona, «Puertas y paisajes» *(El reino blanco)* es una recopilación de poemas eróticos y fetichistas, «Amor indestructible» (*Cuaderno de vacaciones,* 2014) y un manojo de «Epigramas amorosos» (*Después del paraíso*) junto a otros conjuntos menos evidentes, más el librito *Necrofilia* (1983) que apunta desde el título a un amor funeral con una pizca de provocación.

Mas allá, algunos libros están marcados a fuego por la vida personal del poeta: *Por fuertes y fronteras* (1996) y *Sin miedo ni esperanza* se suelen considerar libros más bien grises porque derivan —parcial o totalmente— del dolor causado por la muerte de su madre (diciembre de 1995) y el final de un matrimonio (enero de 1996), mientras que *La vida en llamas* marca desde el principio la vuelta de las ganas de vivir gracias al encuentro con Alicia Mariño. Las cosas son ciertamente más complejas, porque los eventos se encabalgan y presentan aquí y allá, de modo que la estructura de los libros en ocasiones refleja una historia amorosa casi en vivo y en directo: por ejemplo, la disposición de *Sin miedo ni esperanza* muestra un arranque melancólico («Apariciones») que da paso a una resurrección amorosa («El diablo enamorado»), la búsqueda de refugio en la vida y los libros («Por las calles del tiempo»), la lucha entre la tristeza pasada y el fuego pasional («Luces y sombras») y acaba con una despedida estoica («El enemigo oculto») (Sánchez Jiménez, 2021: 17-67).

En este sentido, hay que recordar la importancia de los ciclos amorosos dedicados a las mujeres de la vida de Luis Alberto de Cuenca (Olay Valdés, 2017: 23): aunque Genoveva y Julia (primera y segunda esposas, respectivamente) aparecen aquí y allá, únicamente Rita cuenta con una galería de poemas *in vita e in morte* casi a la manera de Petrarca (Sáez, 2024b) y Alicia es la diosa del universo cuenquista desde el «Jardín de Alicia» (*La vida en llamas*, 2006).

Dentro de este contexto, hay un mundo amoroso infinito que se ha examinado alguna vez, pero mucho menos de lo que se podría esperar: en una estupenda antología, Lara Cantizani (2016 [2005]) dice que la poesía de Luis Alberto de Cuenca puede verse como un cóctel de nombre «Laberinto de amor» y distingue nueve variantes (amor cortés y caballeresco, amor cultural o filológico, amor doméstico, amor erótico, amor gastronómico, amor impreso que también es literario), amor de madrigales, amor negro, amor oriental y amor terrorífico); por su parte, con una mirada más picantona Strazza (2021) ha llamado la atención sobre la importancia del erotismo cuenquista y ha diseccionado con gran atención sus formas y sentidos.

Y es que quizá pueda sorprender el amor explosivo de una amplia serie de poemas de Luis Alberto de Cuenca, pero en alguna ocasión ya ha declarado —con ironía marca de la casa— que se considera más bien pasional: «La verdad es que casto, lo que se dice casto, no lo he sido nunca, ni siquiera cuando parecía serlo» («Sobre la castidad», en *Señales de humo*, 1999: 19). Así pues, amor y erotismo son dos caras de la misma moneda: sentimiento amoroso y sensualidad (o sexo) de todo tipo, sin que haga falta entrar en disquisiciones eruditas ni consideraciones sobre la evolución de los conceptos y sus roces con la pornografía y otras cuestiones a la orden del día, tal y como recuerda con finura Han (*Eros en agonía*, 2014 [2012]). Es más: en general no se puede dividir el amor más brillante del sexo porque el uno conduce al otro, pero, si bien se mira, se aprecia una tendencia erótica *in crescendo*, con un buen manojo de poemas sexuales especialmente en *La vida en llamas* y *El reino blanco,* más alguna que otra declaración sobre el deseo eterno[5]. Poco importa, porque el amor en la poética cuenquista es como la vida misma: tiene de todo, con idas y venidas que se plasman perfectamente en las relaciones entre los textos. Por eso, la etiqueta de «romanticismo feroz» acuñada por Egido (2016 [2008]) le va como anillo al dedo a Luis Alberto de Cuenca para abrazar todas las caras —y cruces— del amor en su poesía.

«UN HAMBRE FEROZ»: TESELAS DE UN CANCIONERO INFINITO

Los inicios amorosos de Luis Alberto de Cuenca están intensamente conectados con Rita, primer gran amor del poeta con quien descubrió «el mundo y la vida» durante unos tres años hasta que, al poco de separarse y cuando pensaban «qué hacer con el futuro», murió en un trágico accidente de coche (según cuenta en Calbarro, 1994: 4). El impacto en el joven poeta es lógicamente brutal, de modo que arranca un proceso de duelo que pasa del combate contra el dolor omnipresente sobre todo en *Elsinore y Necrofilia,* para permanecer en constante transformación hasta que la amada muerta se convierte en un recuerdo sereno. Por esta y otras razones que no vienen al caso, prefiero comentar la selección de poemas en orden cronológico, en vez de entresacar grupos y tendencias.

Amén de un poema temprano que nunca se recoge en ningún libro («Ἔρως ἀνίκατε μάχαν», presente en *Espejo del amor y de la muerte,* 1971), todo *Elsinore* es una suerte de monumento-homenaje a la amada muerta, empezando por «La chica de las

---

[5] En este marco, hay que anotar la traducción de Luis Alberto de Cuenca y un servidor de los *Sonetos lujuriosos* (2021) de Pietro Aretino, verdadero kamasutra del Renacimiento que combina imágenes totalmente descaradas con poemas que describen con libertad las escenas.

mil caras» y «*Here, in the dark, with you*» (núms. 1-2 de la presente antología): el primer poema se diseña como un retrato imaginario de la mujer ideal según una técnica compuesta que recuerda a Arcimboldo y mezcla elementos muy variados con alguna viñeta personal («el jardín de tus abuelos») y una promesa final de amor eterno («nos amamos alguna vez y nos amaremos tú y yo»); el otro, en un cambio radical de tono, es un lamento desesperado dirigido a Dios que sólo se atempera un poco en un miniparlamento a la amada («Hacia ti, amor...»). La siguiente pareja poética posee ya un doble valor personal y universal: «Cómo te defiendes de mí» (núm. 3) puede tener que ver con Rita por la despedida («diciendo adiós al mundo y a mis brazos, / muerta y levísima») y la evocación de Orfeo y Eurídice (Ponce Cárdenas, 2017: 38-39), pero igualmente puede considerarse desde una óptica más general como una apelación a un amor problemático (sea un abandono, un desdén o lo que se tercie); por su parte, «El fantasma» (núm. 4) parte de un esquema intertextual compuesto (de Propercio a *Alice's adventures in Wonderland,* 1865) (Ponce Cárdenas, 2017: 40-41) y abre la veda del erotismo con sendas órdenes directas («Cómeme...», «Bésame...»), para romper la pasión en mil pedazos mediante la revelación del proceso de lucha contra la realidad del yo poético («Nunca me digas: "Estoy muerta. / No abrazas más que un sueño"»).

En otro nivel se encuentra *«Amour fou»* (núm. 5), que vale como una declaración programática de la nueva etapa iniciada con *La caja de plata:* bajo el patrocinio del amor loco de Breton, el poema entrecruza un aire folclórico con el mundo medieval y la potencia de la reinterpretación de las pruebas caballerescas en relación con el deseo incestuoso (Lanz, 2016]2016]: 38-40). Todo ello refleja «la renuncia [...] a ciertas locuras culturales a cambio de otras locuras mundanas», en palabras del poeta (en Lanz, 1990: 98).

«La herida» y «Conversación» (núms. 6-7) tratan diversas facetas del amor: frente a una recreación del dolor amoroso mediante un catálogo de oposiciones antitéticas que define la naturaleza ambigua de la pasión que —se quiera o no se quiera— siempre se enciende para dar «vida» y «muerte», está la dificultad (o imposibilidad) comunicativa en ámbito amoroso, que se pinta con un léxico bélico y violento muy típico de Luis Alberto de Cuenca.

Más crudo todavía es «Peligrosa» (núm. 8), que forma parte de la «Serie negra», un sexteto de estampas —o *videoclips*— de ambiente *noir* marcado por la violencia y previamente escrito en prosa como «Las Lolas negras» (Gómez-Montero, 1994): junto a una escena de consuelo y huida («Agredida»), el encuentro con un cadáver («Muerta»), la tormentosa relación con una mujer infiel («Casada»), un breve coloquio de *toilette* sobre un deseo violador («Brillante»), un plan de fuga («Loca») y otras miniacciones, «Peligrosa» consiste en un diálogo tenso con una mujer que suscita miedo y amor.

«Beatriz» (núm. 9, que antes era «Isabel») es un poema de suicidio (Sáez, 2020b: 260-261): de un aparente lamento se pasa a la constatación de la liberación de la mujer («sufría demasiado») y la descripción de un cadáver violentado (con «dentelladas / cerca del corazón y a la altura del pubis») que en realidad poco a poco muestran la satisfacción —con un toque de distancia humorística— del locutor poético.

A continuación, «La mentirosa» (núm. 10) es una suerte de epigrama moral modernizado (Suárez Martínez, 2010: 193-195): tras una catarata de excusas, llega el comentario crítica e irónica del locutor, que concluye con un lanzazo sentencioso de defensa y ataque, ya que tanto «engaño» puede llevar al «olvido» (o sea, al final del amorío).

Igualmente burlesco es el tratamiento del amor en «Cuando vivías en la Castellana» (núm. 11), uno de los poemas que se conocen también gracias a la versión de Loquillo (en *Su nombre era el de todas las mujeres*, 2011). Aquí hay otro de los giros tan caros a Luis Alberto de Cuenca: el perfume sublime de la poesía modernista se convierte en un aroma venenoso (Letrán, 2005: 68-69), que parece reflejar un amor atormentado, por mucho que se eche de menos como todas las historias pasadas.

Abriendo la galería «Seis poemas de amor» de *El otro sueño* está «Julia» (núm. 12), que es otro genial ejemplo de reescritura cuenquista, que en este caso adapta y moderniza la «Rima IV» de Bécquer (Fiddian, 1993): a partir del patrón retórico con la escansión anafórica («Mientras...», por siete veces), Luis Alberto de Cuenca construye una declaración de amor eterno a prueba de bombas que vale igualmente como guía de toda su poesía.

El resto de poemitas de esta galería amorosa son muy distintos: «La noche blanca» (núm. 13, inicialmente titulado «Cocaína») introduce en el mundo de las drogas (Sáez, 2020a) porque se trata de una descripción del proceso de consumo y la reacción física aneja (vv. 1-4), más el deseo erótico (vv. 5-12) y la apelación final a la amada (vv. 13-16); «Soneto del amor atómico» (núm. 14, primero conocido como «El poeta a su amada, para que no le tire bombas») consiste en la confesión de un amante rendido que admite su derrota, en una clara parodia del código amoroso canónico; primo hermano es el «Soneto del amor de oscuro» (núm. 15, antes «El poeta a su atracadora, pidiéndole que vuelva sucintamente vestida de negro») que desde el título rinde homenaje a García Lorca (*Sonetos del amor oscuro*, 1983) y cuenta —a la manera de un fotograma narrativo— una escena de amor nocturno y fiestero (en el contexto de la Movida madrileña) con mucho de erotismo; luego de «Los gigantes de hielo» —que salto—, «Mal de ausencia» (núm. 16) recicla un *topos* clásico en clave contemporánea, que se traduce en el lamento del locutor poético por el abandono de una «novia lejana» que lo ha dejado hundido en medio de un espacio urbano asfixiante.

Cuando uno menos se lo espera, el amor de juventud vuelve en «Rita» (núm. 17), poema construido sobre una falsilla latina (una elegía de Propercio, según advierte Lanz, 2016 [2006]: 76) que muestra el combate imposible e infinito del locutor —y el poeta por detrás— por comunicarse con la amada muerta a través de una batería de «preguntas inútiles».

«La malcasada» (núm. 18) es un juego intertextual de los buenos (Sáez, 2024a): con la referencia tramposa al romance de «La malmaridada» como punto de partida, Luis Alberto de Cuenca arma un jocoso poema narrativo en el que un antiguo novio parece consolar a su viejo amor hasta que se distancia de la situación («¿qué es lo que pinto en esta historia») y le dispara una tras otra una serie de consejos brutales («Ve a un gimnasio, / píntate más», etc.) que la dejan —se puede imaginar— con un palmo de narices. Un nuevo contraste entre pasado y presente se halla en «Noche de ronda» (núm. 19): en un monólogo interior, el yo lírico carea diferentes estrategias de seducción (hablar «de libros y de viejas películas» antes frente a fingir interés por tonterías) desde distintas perspectivas (el principiante, el amante experto) con sus respectivos resultados (nada, «la victoria pírrica de su cuerpo») y el mensaje desengañado final que apuesta por la fidelidad a uno mismo[6].

«La Venus de Willendorf» (núm. 20) es una joyita, porque dice mucho en poco: el poema describe el enamoramiento de un mirón que contempla con arrobo a una gordita norteamericana, una historieta bien sencilla que constituye un encomio paradójico y entre líneas conecta —como homenaje personal— con la

---

[6] Suárez Martínez (2010: 209-212) entiende el poema como un arte amoroso dictado por un *praeceptor amoris*.

escultura predilecta del poeta (según dice en «La Gran Madre», en *Señales de humo,* 1999: 89-90).

En una suerte de salto temporal, con «La cita» (núm. 21) se vuelve a las primeras veces: se evocan los preparativos nerviosos y compulsivos de los encuentros juveniles, sus entretenimientos inocentes (sentarse en un banco, ir a casa) y las ilusiones que se creaban como por arte de magia, en un poema que parece dejar todo abierto para marcar el contraste con el paso del tiempo con otras situaciones anejas.

Parte del cambio está justamente en el dolor, que se retrata a las mil maravillas en «Tiempos difíciles» y «El olvido» (núms. 22-23), que van de la mano: con otro juego titular (hacia Dickens, *Hard times,* 1854), el uno es una perfecta pintura de la depresión, con la sensación de pérdida de vida, el contraste radical entre el paso del tiempo y su percepción, el sinsentido de la literatura y otras miserias, mientras el otro es una demostración del querer y no poder, pues la aparente victoria inicial («La olvidé») muta inmediatamente en la visión constante —y torturadora— del amor perdido («Su nombre era el de todas las mujeres»).

Muy diferente es «Epigrama» (núm. 24), un poema tan complejo como provocador (y chistoso): de entrada, un locutor poético parece confesar un pecadillo erótico (le gusta imaginar que su chica «se acostaba con otros»), pero el juego morboso se le va de las manos y la mata para luego suicidarse según cuenta desde la tumba, pero la lección *post mortem* no es una verdadera advertencia moral, ya que acto seguido hace saltar todo por los aires con un consejo totalmente enfermizo («Mátala solo a ella, trocea su cadáver / y búscate otra chica para seguir soñando») (Sáez, 2020b: 262-263).

En el centro de todo está «El desayuno» (núm. 25), que es el poema de Luis Alberto de Cuenca por antonomasia, cosa que se entiende porque se trata de una verdadera obra de arte y una perfecta síntesis de su poética. Así, puede leerse de dos maneras: antes de nada, es un estupendo elogio de la perfección del amor imperfecto (o de la imperfección del amor perfecto); y, asimismo, se ve rápidamente que se trata de una reescritura del famoso «Me gusta cuando callas porque estás como ausente» de Neruda (*Veinte poemas de amor y una canción desesperada,* 1924, poema 15), que rehace de los pies a la cabeza el sentido de su modelo y remata con un guiño explosivo a Caperucita Roja y el lobo (Sáez, 2019b).

«Remedia amoris» (núm. 26) da cuenta del reencuentro con una ex que acaba como el rosario de la aurora y conduce a la desesperación al yo poético, que busca el consuelo en la bebida, yendo así contra por lo menos dos consejos (ser fuerte en los encuentros y no beber en exceso, 673-678 y 805-807) de Ovidio en la obra homónima, maestro de lujo al que no se hace caso.

Entre otras cosas, «Helena: palinodia» (núm. 27) es un ejemplo paradigmático del tratamiento juguetón de la tradición clásica que caracteriza a Luis Alberto de Cuenca, quien arranca de un oscuro fragmento de Estesícoro, con una versión alternativa de la historia de Helena, que trata de limpiarla de culpa:

> No es cierta la leyenda,
> no fuiste en las naves de buenos barcos,
> ni llegaste a los palacios de Troya.
> (en Ferraté, 1991 [1968]: 189)

Nada que ver, en el poema cuenquista se convierte el rapto de la joven con toda su épica en una escapada erótica de discoteca, la etapa final de un encuentro marcado por la atracción sexual («con los ojos / clavados en el bulto que emergía / de entre sus piernas») y las drogas («con las narices / saturadas de droga»), con lo que la disculpa palinódica se transforma en la negación tan desesperada como ridícula de un marido cornudo, de acuerdo con un proceso de reescritura modernizadora

(Letrán, 2005: 120-121; Suárez Martínez, 2010: 233-238; Sáez, 2020a: 321).

Similar es la invitación erótica de *«Collige, uirgo, rosas»* (núm. 28): sobre el modelo clásico de Ausonio *(De rosis nascentibus)* que da vida al tópico y otros adornos librescos (Góngora, «Mientras por competir con tu cabello»), Luis Alberto de Cuenca configura un poema altamente sensual y vitalista que anima una y otra vez al disfrute sexual («Púlete los rosales», «rinde / tu belleza» a Cupido, «Goza labios y lengua, machácate de gusto», que te coman «las hechuras del alma») (Suárez Martínez, 2010: 262-264; Prieto de Paula, 2018).

«In illo tempore» (núm. 29) vuelve al terreno de la memoria melancólica con la evocación de una noche de pasión ideal («nos besamos como en las películas / y nos quisimos como en las canciones») en una fiesta del amor, que se difumina —como un despertar nostálgico— con una doble referencia a Cernuda (*La realidad y el deseo,* 1936) y la tradición bíblica (*Mateo,* 3, 11 y muchos otros lugares) (Núñez Díaz, 2018: 206), que sucede a otra cita de «Después de la muerte de Jaime Gil de Biedma» (*Poemas póstumos,* 1968) de uno de los pocos poetas contemporáneos que gustan a Luis Alberto de Cuenca.

Se retorna a las oscuridades pasionales con «El encuentro» y «De tanto amarte y tanto no quererte» (núms. 30-31): el primero es un cuadro narrativo de reunión casual entre dos amantes, que parecen tratar de seducirse el uno al otro entre mentiras; mucho más potente es el segundo, que plantea una distinción entre dos formas de amor (posiblemente pasión *vs.* afecto cotidiano) como causa del fin de la historia, que se dibuja con diferentes símbolos sobre la ruptura de la convivencia y la comunicación.

Por fortuna, «Vamos a ser felices» (núm. 32) compensa todo con una invitación a la búsqueda de la felicidad a toda costa, que sea capaz de vencer cualquier pesar (falta de motivos, el mundo, etc.) y dé sentido a la vida, según se manifiesta en el cierre epitáfico. Eso sí, queda abierta la cuestión sobre el optimismo invencible del poema o el desengaño de la fugacidad de la alegría.

Al lado se encuentra «Voy a escribir un libro» (núm. 33), un poema claramente metapoético que demuestra la importancia de las mujeres en la obra cuenquista: la declaración programática inicial se convierte en una enumeración de amores perdidos (reales y ficticios), que concluye —en un ejemplo de *Ringkomposition*— con la unión de amor, escritura y vida como el triángulo mágico de Luis Alberto de Cuenca.

Mucho más potente es «Bébetela» (núm. 34), poemita de instrucciones amatorias («Dile...», «Díselo...») que acumula imágenes poéticas en desfile sacadas de aquí (Breton) y allá (Neruda) como técnica de seducción y acaba con una orden erótica de gran fuerza («bébetela») que —con el plus del verso recortado— une el beso con el consumo de la amada (Sánchez Jiménez, 2021: 34-35), en un pequeño giro frente al habitual «cómeme» que sigue la tónica de la conquista.

«A Alicia, disfrazada de Leia Organa» (núm. 35) es un soneto capital dentro de la producción de Luis Alberto de Cuenca, pues mezcla muchos ingredientes y está dominado por el erotismo: en una construcción marcada por la hipótesis, la afición por *Star wars* (en concreto *El retorno del Jedi*, 1983) se une con el amor por Alicia, a la que imagina «ataviada con el mismo sucinto biquini que lucía Carrie Fisher en la película» según explica el propio poeta (en «Cinco poemas...», 2015: 31-32), para conformar una declaración de unión amorosa total (interior por la mirada y erótica por el cuerpo).

También abiertamente erótico es «Amor udrí» (núm. 36), que se delinea con un matiz humorístico en celebración del arte del juego —o la procrastinación— amorosa y el éxtasis platónico final, a partir de la tradición de una forma de amor puro oriental

(Suárez Martínez, 2010: 293-294; Sánchez Jiménez, 2021: 45; Strazza, 2021: 204-205).

«Estoy aquí» y «No sé cómo lo haces» (núms. 37-38) forman una suerte de díptico del corazón: así, de un poema de consolación que declara la constancia y omnipresencia del amor frente a las posibles dudas se pasa a una declaración de rendición, en la que el locutor poético admite —con más metáforas guerreras que se van repitiendo— la victoria de la mujer y el único fin posible de la «muerte / de amor y de deseo».

Odi et amo definen la miniestampa narrativa de «En el supermercado» (núm. 39): se trata de una estampa de vida cotidiana con la discusión entre dos amantes que intercambian críticas banales (comprar esto o aquello, pura sátira contemporánea) hasta que la mujer explota con un comentario sexual («Cuando tú aprendas a comerme el coño») que deja sin palabras a su pareja.

Con «Tamaño natural» (núm. 40, que era «La muñeca» en la *princeps*) se entra en el ámbito del fetichismo: aunque al principio parece la descripción de una mujer pasiva que satisface a una suerte de Pigmalión contemporáneo, a un tiempo es un chiste sobre la muñeca hinchable de Gómez de la Serna y un homenaje a la película homónima (*Grandeur nature,* 1973) de García Berlanga.

«No puedo soportarlo» (núm. 41), por su parte, tiene también una buena dosis de sátira burlesca, ya que el locutor poético perdona ciertos defectos de su amada (exhibicionismo, histeria, drogadicción y hasta la zoofilia), pero condena con rotundidad la palabrería de «vulgar manualista de autoayuda», en perfecta sintonía con la cruzada de *«Political incorrectness» (Sin miedo ni esperanza).*

«Fe de erratas» (núm. 42) parte de un paratexto habitual de los libros hasta hace bien poco (la lista de errores de impresión) para jugar a reescribir típicas declaraciones amorosas («te quiero», «me muero por tus huesos», «lo nuestro es para siempre») y darles una vuelta más potente o precisa («te quiero con locura», «me muero por tu carne», «lo nuestro es donde nunca»). Esto es: un poema realmente antológico que cierra *La vida en llamas* con llave de oro.

Así se llega al ciclo erótico más amplio de Luis Alberto de Cuenca, que comprende siete poemas de *voyeur* («Puerta abierta», «Puerta entreabierta», «Puerta cerrada», «Paisaje con figura rasurada», «Paisaje con figura encadenada», «Paisaje con figura desperezándose»), algún texto de filia («Paisaje con tus pies en mi boca») y un par de juguetes eróticos y lésbicos («Flora y Fauna», «Primavera y Estío», «Safo y Faón»), más dos fetiches poéticos («La Venus de los tcaones» y «Elogio del sujetador»).

«Puerta abierta» y «Puerta cerrada» (núms. 43 y 44) retoman el esquema clásico de *paraklausíthyron* (o lamento del amante al otro lado de la puerta, como revela el segundo) para delinear un diálogo subido de tono entre una mujer seductora en plena preparación y su amante (que acaba lanzándose a comerla), frente a la reflexión de un personaje sobre el próximo y tan deseado encuentro con la amada.

Siguen «Primavera y Estío» y «Safo y Faón» (núms. 45-46), que también conforman una pareja: ambos son una suerte de *divertissement* de Luis Alberto de Cuenca, que presenta dos poemas sobre el amor lésbico (Logroño, 2018) que respectivamente muestran un encuentro sexual entre dos jóvenes (quizá hermanas) y la verdad sobre la historia de Safo y Faón (que era una mujer travestida por juego).

«Matilde Urbach» (núm. 47) es otra broma intertextual de Luis Alberto de Cuenca: la pista del título remite a un minipoema de Borges («Le regret d'Héraclite», en *El hacedor,* 1960), pero en realidad se trata de una reescritura-traducción de un texto provenzal de Giraut de Bornelh (la albada «Reis glorios, verais lums e clartatz») que le sirve para dar una vuelta a la situación de partida y mostrar la victoria del amor (Sáez, 2018a).

Ni trampa ni cartón hay en el «Soneto amoroso con estrambote, enmendando la plana a Cecco Angiolieri» (núm. 48), que marca la relación libresca desde el principio. Se trata, pues, de un pulso intertextual (Sáez, 2019a): como le suele gustar hacer, Luis Alberto de Cuenca reescribe un poema de maldición muy oscuro en un texto de declaración alegre de amor tan cotidiano como universal.

Para ir terminando, «Amor indestructible» (núm. 49) es un poema definitivo y definitorio, porque en forma de diálogo —imaginario o como se quiera— se plantea el amor con sus sombras (debilidad aparente, con dudas y problemas seguramente) y sus luces, que acaban venciendo gracias al perdón y el olvido. En este sentido, es también un poema tanto de amor sereno como de madurez.

Y, como guinda del pastel está «Todo eso es amor» (núm. 50), que es una simpática reescritura del famoso soneto Lope de Vega en definición del amor, que conviene poner frente a frente:

Desmayarse, atreverse, estar furioso,
áspero, tierno, liberal, esquivo,
alentado, mortal, difunto, vivo,
leal, traidor, cobarde y animoso;

no hallar fuera del bien centro y reposo,
mostrarse alegre, triste, humilde, altivo,
enojado, valiente, fugitivo,
satisfecho, ofendido, receloso;

huir el rostro al claro desengaño,
beber veneno por licor süave,
olvidar el provecho, amar el daño;

creer que un cielo en un infierno cabe,
dar la vida y el alma a un desengaño;
esto es amor, quien lo probó lo sabe.

Un garfio que te arranca el corazón,
un roedor que roe tus entrañas,
la más terrible de las alimañas,
una droga que anula la razón,

un coche que se estrella y un avión
que se cae, un estanque con pirañas,
una sarta de embustes y patrañas,
la cumbre del horror y la abyección...

Todo eso es amor, pero también
amor es una vieja melodía
que te atraviesa de felicidad,

un cóctel de belleza, paz y bien,
una mina de luz y de alegría,
una bomba contra la soledad.

Como puede verse, la enumeración de contrarios cambia por una disposición de puntos negativos iniciales confrontados con las maravillas del amor, que claramente quiere presentar el predominio de los pros sobre los contras y que viene bien para cerrar esta galería por el mensaje positivo y la apelación a la experiencia, que en Lope vale como cierre y en Luis Alberto de Cuenca va entre medias como guiño de complicidad que refuerza la apuesta por el amor pese a todos los pesares.

Estos son todos los que están, pero no están todos los que son, porque en el poliédrico mundo poético de Luis Alberto de Cuenca hay más, mucho más. Quedan fuera, pues, muchos otros poemas con otras tantas caras: siempre en orden cronológico, se puede recordar —a modo de invitación a la búsqueda y lectura— la infidelidad fantástica de «Mi monstruo favorito» *(El otro sueño)*, la promesa de reencuentro de «Volveremos a vernos» *(El hacha y la rosa)*, el juego dialógico alrededor del trabajo en «Filología y vida», el provocador textito «Onanismo» *(Sin miedo ni esperanza)*, el elogio fetichista de «La Venus de los tacones» (que en algunas ediciones se titula «La dama de los tacones») y «Elogio del sujetador» *(El reino blanco)*, el recuerdo de unas imágenes eróticas en «La chica victoriana de la foto» (Sáez, 2023), el contraste entre dos tipos femeninos en «Marta y María», el chistecillo musical de «Solo te llamo para decirte que te quiero» *(Bloc de otoño)* y la declaración eterna de «Amor perpetuo» *(El secreto del Mago)*, así como algunos poemitas menores (haikus y soleares) con su expresividad concentrada y muchos poemas para Rita y Alicia. A ello, pues: que empiece —o siga— la fiesta[7].

---

[7] Los textos que siguen en la antología proceden de las ediciones consignadas en la bibliografía.

BIBLIOGRAFÍA

CALBARRO, Juan Luis, «La poesía como arma de diálogo: conversación con Luis Alberto de Cuenca», *Los cuadernos de Sornabique,* 14 diciembre de 1994, s.p.

CUENCA, Luis Alberto de, *Los mundos y los días (poesía 1970-2009),* 6.ª ed. corregida y ampliada, Madrid, Visor Libros, 2021 [1998].

—*Cuaderno de vacaciones,* Madrid, Visor Libros, 2014.

—«Cinco poemas de Luis Alberto de Cuenca comentados por él mismo», en *La cultura hispánica: de sus orígenes al siglo XXI: Actas del L Congreso Internacional de la AEPE,* ed. M.ª P. Celma Valero, M.ª J. Gómez del Castillo y C. Morán Rodríguez, Burgos, Universidad Isabel I de Castilla, 2015, pp. 29-40.

—*Elsinore. Scholia. Necrofilia (1972-1983),* ed. J. Ponce Cárdenas, Madrid, Reino de Cordelia, 2017.

—*Bloc de otoño,* Madrid, Visor Libros, 2018.

—*Después del paraíso,* Madrid, Visor Libros, 2021.

—*Hecho viruta (Autorretratos 1972-2021),* Almería, Papeles del Náufrago, 2023a.

—*El secreto del Mago,* Madrid, Visor Libros, 2023b.

—*El aprendiz de Dios,* Madrid, Almeida, 2024.

—y Adrián J. SÁEZ (ed. y trad.). P. Aretino, *Sonetos lujuriosos,* Madrid, Reino de Cordelia, 2021.

EGIDO, Jesús (ed.), *«Hola, mi amor, yo soy el lobo» y otros poemas de romanticismo feroz,* ilustraciones M. Á. Martín, Madrid, Reino de Cordelia, 2016 [2008].

FIDDIAN, Robin W., «Rewriting Bécquer: "Julia" by Luis Alberto de Cuenca», *Siglo XX / 20th Century: Critique and Cultural Discourse,* 11.1-2, 1993, pp. 31-47.

GIMÉNEZ, Facundo, *La línea clara: la poesía de Luis Alberto de Cuenca,* Sevilla, Renacimiento, 2022.

GÓMEZ-MONTERO, Javier, «Poética de la postmodernidad y praxis de la parodia en Poesía (1970-1989), de Luis A. de Cuenca», en *Actas del IX simposio de la Sociedad Española de Literatura General y Comparada (Zaragoza, 18-21 de noviembre de 1992),* ed. T. Blesa, M.ª T. Cacho, C. García Gual, M. Rolland, L. Romero Tobar y M. Smerdou Altolaguirre, Zaragoza, Universidad de Zaragoza, 1994, pp. 133-151.

GONZÁLEZ IGLESIAS, José Antonio, «Luis Alberto de Cuenca: entre Homero y Bizancio», en *Luis Alberto de Cuenca: de Ulises a Tintín,* ed. A. Lafarque y L. Saval, Litoral, 255, 2013, pp. 168-171.

HAN, Byung-Chul, *La agonía del Eros,* trad. R. Gabás, Barcelona, Herder, 2014 [Agonie des Eros, Berlin, Matthes & Seitz, 2012].

IRAVEDRA, Araceli (ed.), *Hacia la nueva democracia: la nueva poesía (1968-2000),* Madrid, CECE-Visor Libros, 2016.

LANZ, Juan José, «La poesía de Luis Alberto de Cuenca o el loco amor (entrevista)», *Reverso,* 2, 1990, pp. 97-101.

—«La literatura como representación en Poesía (1970-1989), de Luis Alberto de Cuenca», en *La llama en el laberinto: poesía y poética en la Generación del 68,* Mérida, Editora Regional de Extremadura, 1994, pp. 159-171 [*Ínsula,* 535, 1991, pp. 24-26].

—(ed.), L. A. de Cuenca, *Poesía 1979-1996,* 4.ª ed., Madrid, Cátedra, 2016 [2006].

—«Traducción y variación: estrategias de intertextualidad en Luis Alberto de Cuenca», en *Las mañanas triunfantes: asedios a la poesía de Luis Alberto de Cuenca,* ed. A. J. Sáez, Sevilla, Renacimiento, 2018, pp. 67-103.

LARA CANTIZANI, Manuel (ed.), L. A. de Cuenca, *«Su nombre era el de todas las mujeres» y otros poemas de amor y desamor,* 5.ª ed. corregida y ampliada, Sevilla, Renacimiento, 2016 [2005].

LETRÁN, Javier, *La poesía postmoderna de Luis Alberto de Cuenca,* Sevilla, Renacimiento, 2005.

LOGROÑO, Isabel, «"Trenzas de violeta": Safo en la poesía de Luis Alberto de Cuenca», en *Las mañanas triunfantes: asedios a la poesía de Luis Alberto de Cuenca,* ed. A. J. Sáez, Sevilla, Renacimiento, 2018, pp. 128-146.

MAGRO, Marika, *«Mi vida es un libro escrito por mujeres»: la figura femenina en la poesía de Luis Alberto de Cuenca,* Sevilla, Renacimiento, en prensa.

NÚÑEZ DÍAZ, Pablo, «La Biblia en la poesía de Luis Alberto de Cuenca», en *Las mañanas triunfantes: asedios a la poesía de Luis Alberto de Cuenca,* ed. A. J. Sáez, Sevilla, Renacimiento, 2018, pp. 187-236.

OLAY VALDÉS, Rodrigo, «"Volveremos a vernos": una lectura de la poesía de Luis Alberto de Cuenca», en L. A. de Cuenca, *El valor y los sueños: poemas escogidos (1970-2016),* Sevilla, Renacimiento, 2017, pp. 15-35.

OVIDIO NASÓN, Publio, *Amores. Arte de amar. Sobre la cosmética del rostro femenino. Remedios contra el amor,* ed. y trad. V. Cristóbal, Madrid, Gredos, 1989.

PONCE CÁRDENAS, Jesús, «Tríptico de tinieblas», en L. A. de Cuenca, *Elsinore. Scholia. Necrofilia (1972-1983),* ed. J. Ponce Cárdenas, Madrid, Reino de Cordelia, 2017, pp. 13-123.

PRIETO, Antonio (ed.), *Espejo del amor y de la muerte,* Madrid, Azur, 1971.

PRIETO DE PAULA, Ángel L., «Sobre cómo descortezar un tópico: incursiones, divagaciones y extravagancias a propósito de un poema de Luis Alberto de Cuenca», en *Las «mañanas triunfantes»: asedios a la poesía de Luis Alberto de Cuenca,* ed. A. J. Sáez, Sevilla, Renacimiento, 2018, pp. 237-263.

REY HAZAS, Antonio, «Poesía y mujeres: Lope de Vega y Luis Alberto de Cuenca», en *Luis Alberto de Cuenca: de Ulises a Tintín,* ed. A. Lafarque y L. Saval, Litoral, 255, 2013, pp. 118-123.

SÁEZ, Adrián J., «Afinidades electivas: Jorge Luis Borges y Luis Alberto de Cuenca», en *«En el centro de Europa están conspirando»: Homenaje a Jorge Luis Borges,* coord. J. Llamas Martínez, Torino, Università degli Studi di Torino, 2018a, pp. 101-120.

—«*A Poet for All Seasons:* las "mañanas triunfantes" de Luis Alberto de Cuenca», en *Las «mañanas triunfantes»: asedios a la poesía de Luis Alberto de Cuenca,* ed. A. J. Sáez, Sevilla, Renacimiento, 2018b, pp. 7-24.

—«"Si fuese Luis Alberto de Cuenca, que lo soy": la reescritura de Cecco Angiolieri», en *«Haré un poema de la pura nada»: la intertextualidad en Luis Alberto de Cuenca,* ed. A. J. Sáez y A. Sánchez Jiménez, Sevilla, Renacimiento, 2019a, pp. 230-246.

—«"Tu risa es una ducha en el infierno": la reescritura de Neruda en "El desayuno" de Luis Alberto de Cuenca», *Boletín Hispánico Helvético,* 33-34, 2019b, pp. 413-426.

—«"No merece la pena vivir tanto": las drogas en la poesía de Luis Alberto de Cuenca», *Artifara: revista de lenguas y literaturas ibéricas y latinoamericanas,* 20.1, 2020a, pp. 315-324.

—«"No quiero seguir vivo en este mundo": el suicidio en la poesía de Luis Alberto de Cuenca», *Boletín de la Real Academia Española,* 100.321, 2020b, pp. 255-273.

—«"Quién sabe dónde está": la religión en la poesía de Luis Alberto de Cuenca», *Bulletin of Spanish Studies,* 97.8, 2020c, pp. 1349-1362.

—«"El triunfo de estar vivos": el ciclo *de senectute* de Luis Alberto de Cuenca», *Archiletras científica,* 7, 2022, pp. 49-68.

—«"Te vi, te vi, te vi": la fotografía en la poesía de Luis Alberto de Cuenca», *Cuadernos AISPI,* 21.1, 2023, pp. 261-280.

—«"No seas tonta": el juego intertextual de "La malcasada" de Luis Alberto de Cuenca», *Artifara: revista de lenguas y literaturas ibéricas y latinoamericanas,* 24.2, 2024a, pp. 241-254.

—(ed.), L. A. de Cuenca, *Poemas para Rita,* Málaga, El Toro Celeste, 2024b.

—y Antonio SÁNCHEZ JIMÉNEZ (ed.), *«Haré un poema de la pura nada»: la intertextualidad en Luis Alberto de Cuenca,* Sevilla, Renacimiento, 2019a.

—y Antonio SÁNCHEZ JIMÉNEZ, «Poesía de todo y de nada: la intertextualidad en la poesía de Luis Alberto de Cuenca», en *«Haré un poema de la pura nada»: la intertextualidad en Luis Alberto de Cuenca,* ed. A. J. Sáez y A. Sánchez Jiménez, Sevilla, Renacimiento, 2019b, pp. 7-28.

SÁNCHEZ JIMÉNEZ, Antonio, «Poesía familiar: Luis Alberto de Cuenca y Lope de Vega», en *Las mañanas triunfantes: asedios a la poesía de Luis Alberto de Cuenca,* ed. A. J. Sáez, Sevilla, Renacimiento, 2018, pp. 297-322.

—(ed.), L. A. de Cuenca, *Sin miedo ni esperanza,* Madrid, Reino de Cordelia, 2021.

STRAZZA, Elena, «"Hola, mi amor, yo soy el lobo": el erotismo en la poesía de Luis Alberto de Cuenca», *Artifara: revista de lenguas y literaturas ibéricas y latinoamericanas,* 21.2, 2021, pp. 195-208.

SUÁREZ MARTÍNEZ, Luis Miguel, *La tradición clásica en la poesía de Luis Alberto de Cuenca,* Vigo, Academia del Hispanismo, 2010b.

VIRTANEN, Ricardo (ed.), L. A. de Cuenca, *El triunfo de estar vivo (Obra poética 1996-2012),* Madrid, Cátedra, 2024.

Bébetela

50 POEMAS DE AMOR Y EROTISMO

1.
LA CHICA DE LAS MIL CARAS

Todo tu cuerpo es un inmenso brote de espinas,
pero las aves siguen comiendo en tus manos
y cantan en el bosque como si nada.
Por las noches me enseñas el universo:
hoy han sido las costas de Islandia,
la *Edda* de Snorri y la promesa de Winland.
Como tu cuerpo está erizado de agujas,
necesito almohadones para amarte;
luego despierto enganchado a tus labios,
cuando el Sol es un punto negro en el cielo.
Si hablas, tu voz es una cascada
que arrastra cadáveres y policías de uniforme.
Hablas en verso, como Ovidio y Lope,
como el precoz escaldo Egill Skallagrimsson.
A veces te interrumpo. Tus besos llevan oro,
como las *Noches* de Stevenson o de Mardrus.
Son algo tan brillante. Como una nueva infancia.
No sé si tu destino es catalogar manuscritos,
si has sido bibliotecaria en Alejandría.
Un día vi cómo perseguías a un jabalí en Dordoña
(esa noche soñé con el Monarca Oscuro).
Podría hacerte un lecho de lirios o de rosas,
aunque preferiría cubrirte de alacranes.

Luego descifraríamos papiros mágicos y emblemas.
No sé cómo decirte lo mucho que te amo.
Hace siglos que desaparecieron los torneos.
Jesús sigue muriendo cada día. Hasta cuándo.
Pero Clodoveo decía que el Gólgota no sería famoso
si él hubiese estado allí, en Jerusalén, con sus francos...

Antes leíamos novelas bizantinas, escuchábamos discos,
no encendías jamás la luz en el desván.
Me parecía haber vivido dos veces los momentos
y bebía del suave terminarse de tus ojos.
Algunos dioses se nos antojaban ridículos:
Júpiter, por ejemplo, todos los que mandaban.
Pero las ninfas de las fuentes, los elfos, los dragones,
Mae West y Miriam Hopkins compensaban la pérdida.
Hacer versos, nadar, dar de comer a un pájaro,
ejercer de *sportwoman* como Diana Palmer.
Buscábamos tesoros en el jardín de tus abuelos,
bajo ese sol de Heráclito que sigue sin ponerse,
con una *Jolly Roger* ceñida a la cintura,
saqueando glorietas y naufragando en la piscina.

Y ahora que estás aquí, mi amor,
tú que eres todas las mujeres,
no sé si voy a ser capaz
de recordarte y recordarme.
Todos vivimos, a la postre,
en una especie de prisión
de la que no podemos salir,
en la que nadie puede entrar.

Pero consta en el Libro Único
que, a pesar de espinas y agujas,
nos amamos alguna vez
y nos amaremos tú y yo.

(Elsinore, 1972)

2.

HERE, IN THE DARK, WITH YOU

Inuocaui nomen tuum, Domine, de lacu nouissimo
(Threni, 3:55)

Estoy lleno de la cólera de Dios y mi alma es una gigantesca
tormenta sin nombre.

Me dirigiré a Ti, Señor, como una tempestad a su destino
de sargazo o de quilla abandonada.

Tú has preservado de la existencia tu perfección, Bien
mío.

Tú has infundido en el terror de mis párpados enrojecidos
la niebla dulce de la calma.

Hacia ti, amor, vuelan todas mis aves. Todo mi imperio
destruido. Mis ojos para ti, que eres todos los ojos.

El fuego de mi soledad para ti, pequeña, para el delirio
sonoro de tu cuerpo.

Rosa mía, qué sufrimiento húmedo tu muerte.

Como banderas o espadas sometidas por tu sombra, así,
en lo oscuro, junto a ti, sin ti, el incienso perenne de mi
dolor y sus encanecidas guirnaldas.

Desde lo profundo de la fosa he invocado tu nombre,
Señor, el silencio cruel de tu respuesta.

(*Elsinore,* 1972)

3.
CÓMO TE DEFIENDES DE MÍ

Cómo te defiendes de mí.
Cómo resistes,
desde la torre de la ausencia,
agitando el pañuelo para siempre,
sin forma ni color,
humo tan solo,
aérea y rígida en tu nube,
diciendo adiós al mundo y a mis brazos,
muerta y levísima.
Cómo te defiendes de mí.
Cómo, al fin, me derrotas
y me sepultas, también a mí,
en la tumba sin flores del olvido,
donde el silencio reina.

(*Necrofilia,* 1983)

4.
EL FANTASMA

Cómeme y, con mi cuerpo en tu boca,
hazte mucho más grande
o infinitamente más pequeña.
Envuélveme en tu pecho.
Bésame.
Pero nunca me digas la verdad.
Nunca me digas: «Estoy muerta.
No abrazas más que un sueño».

(*Necrofilia,* 1983)

5.

AMOUR FOU

Los reyes se enamoran de sus hijas más jóvenes.
Lo deciden un día, mientras los cortesanos
discuten sobre el rito de alguna ceremonia
que se olvidó y que debe regresar del olvido.
Los reyes se enamoran de sus hijas, las aman
con látigos de hielo, posesivos, feroces,
obscenos y terribles, agonizantes, locos.
Para que nadie pueda desposarlas, plantean
enigmas insolubles a cuantos pretendientes
aspiran a la mano de las princesas. Nunca
se vieron tantos príncipes degollados en vano.

Los reyes se aniquilan con sus hijas más jóvenes,
se rompen, se destrozan cada noche en la cama.
De día, ellas se alejan en las naves del sueño
y ellos dictan las leyes, solemnes y sombríos.

(*La caja de plata,* 1985)

6.
LA HERIDA

Nada, ni el sordo horror, ni la ruidosa
verdad, ni el rostro amargo de la duda,
ni este incendio en la selva de mi cuerpo
que amenaza con no extinguirse nunca,
ni la terrible imagen que golpea
mis ojos y tortura mi cerebro,
ni el juego cruel, ni el fuego que destruye
esa otra imagen de armonía y fuerza,
ni tus palabras, ni tus movimientos,
ni ese lado salvaje de tu calle,
impedirán que encienda en tu costado
la luz que da la vida y da la muerte:
tarde o temprano sangrará tu herida,
y no será momento de hacer frases.

(*La caja de plata,* 1985)

7.
CONVERSACIÓN

Cada vez que te hablo, otras palabras
escapan de mi boca, otras palabras.
No son mías. Proceden de otro sitio.
Me muerden en la lengua. Me hacen daño.
Tienen, como las lanzas de los héroes,
doble filo, y los labios se me rompen
a su contacto. Y cada vez que surgen
de dentro —o de muy lejos, o de nunca—,
me fluye de la boca un hilo tibio
de sangre que resbala por mi cuerpo.
Cada vez que te hablo, otras palabras
hablan por mí, como si ya no hubiese
nada mío en el mundo, nada mío
en el agotamiento interminable
de amarte y de sentirme desamado.

(*La caja de plata*, 1985)

8.
PELIGROSA

«¿Qué es más, un inspector o un comisario?».
Lo dijo distraída, desde lejos.
Se lo expliqué. Siguió: «¿Por qué no tiemblas?
Yo soy más peligrosa que esos tipos».
No sabía qué hacer. Quería irme.
Largarme a conducir por un sembrado.
Devolver la licencia. Suicidarme.
Pero no me marché. Busqué sus ojos
y le cerré la boca con un beso.

(*La caja de plata,* 1985)

9.
BEATRIZ

Beatriz se ha matado. Dejó cartas absurdas
con recomendaciones y sarcasmos estúpidos.
Lo consiguió por fin, y me alegro por ella:
sufría demasiado. En la autopsia el forense
desmenuzó su cuerpo y encontró dentelladas
cerca del corazón y a la altura del pubis.
No hay luz en la buhardilla de Zurbano. El silencio
pasea su victoria sobre las papelinas
ocultas en el libro de Arcimboldo, y la muerte
ha llenado la casa de paz y de goteras;
sigue abierto un tebeo de Conan por la página
en que matan a Bélit, y otro de Gwendoline
con manchas de carmín en las dulces heridas.
Beatriz ha dejado de molestar. Sus ojos
ya no arrojan al mar residuos radiactivos.

(*La caja de plata*, 1985)

10.
LA MENTIROSA

Tienes hora para ir al ginecólogo,
te duele la cabeza, te ha sentado
algo mal o preparas un examen,
es el santo de Marta, los gemelos
se aburren sin salir o Macarena
te ha invitado a bañarte en su piscina...
¡Qué mal mientes, amor! Si no te gusto,
dímelo. Pensaré en un buen suicidio.
Pero si quieres verme, y tus excusas
no son más que un vulgar afrodisíaco
para que se mantenga mi deseo,
invéntate otros juegos, vida mía,
que el premio del engaño es el olvido.

(*La caja de plata,* 1985)

11.
CUANDO VIVÍAS EN LA CASTELLANA

Cuando vivías en la Castellana
usabas un perfume tan amargo
que mis manos sufrían al rozarte
y se me ahogaban de melancolía.
Si íbamos a cenar, o si las gordas
daban alguna fiesta, tu perfume
lo echaba a perder todo. No sé dónde
compraste aquel extracto de tragedia,
aquel ácido aroma de martirio.
Lo que sé es que lo huelo todavía
cuando paseo por la Castellana
muerto de amor, junto al antiguo hipódromo,
y me sigue matando su veneno.

(*La caja de plata*, 1985)

12.
JULIA

Mientras haya ciudades, iglesias y mercados,
y traidores, y leyes injustas, y banderas;
mientras los ríos sigan vertiendo su basura
en el mar y los vientos soplen en las montañas;
mientras caiga la nieve y los pájaros vuelen,
y el Sol salga y se ponga, y los hombres se maten;
mientras alguien regrese, derrotado, a su cuarto
y dibuje en el aire la V de la victoria;
mientras vivan el odio, la amistad y el asombro,
y se rompa la tierra para que crezca el trigo;
mientras tú y yo busquemos el medio de encontrarnos
y nuestro encuentro sea poco más que silencio,
yo te estaré queriendo, vida mía, en la sombra,
mientras mi pecho aliente, mientras mi voz alcance
la estela de tu fuga, mientras la despedida
de este amor se prolongue por las calles del tiempo.

(*El otro sueño,* 1987)

13.
LA NOCHE BLANCA

Cuando la sombra cae, se dilatan tus ojos,
se hincha tu pecho joven y tiemblan las aletas
de tu nariz, mordidas por el dulce veneno,
y, terrible y alegre, tu alma se despereza.

Qué blanca está la noche del placer. Cómo invita
a cambiar estas manos por garras de pantera
y dibujar con ellas en tu cuerpo desnudo
corazones partidos por delicadas flechas.

Nieva sobre el espejo de las celebraciones
y la nieve eterniza el festín de tus labios.
Todo es furia y sonido de amor en esta hora
que beatifica besos y canoniza abrazos.

Para ti, pecadora, escribo cuando el alba
me baña en su luz pálida y tú ya te has marchado.
Por ti, cuando el rocío bautiza las ciudades,
tomo la pluma, lleno de tu recuerdo, y ardo.

(*El otro sueño,* 1987)

14.
SONETO DEL AMOR ATÓMICO

Has minado la selva de mi pecho.
Le has dado fuego a todos mis olvidos.
Has llenado de muertos y de heridos
el pacífico reino de mi lecho.

Te has subido a la lámpara del techo
para bombardearme los sentidos.
Has vertido explosión en mis oídos
con tu voz nuclear siempre al acecho.

No más fisión, amor, no más ojivas
ni más misiles en mi dormitorio.
Cesen con tu victoria los enojos.

Me rindo. Tú has ganado. Mientras vivas,
no alcanzarás un triunfo tan notorio:
me has volado la mente con tus ojos.

(*El otro sueño,* 1987)

15.
SONETO DEL AMOR DE OSCURO

La otra noche, después de la movida,
en la mesa de siempre me encontraste
y, sin mediar palabra, me quitaste
no sé si la cartera o si la vida.

Recuerdo la emoción de tu venida
y, luego, nada más. ¡Dulce contraste,
recordar el amor que me dejaste
y olvidar el tamaño de la herida!

Muerto o vivo, si quieres más dinero,
date una vuelta por la lencería
y salpica tu piel de seda oscura.

Que voy a regalarte el mundo entero
si me asaltas de negro, vida mía,
y me invaden tu noche y tu locura.

(*El otro sueño,* 1987)

16.
MAL DE AUSENCIA

Desde que tú te fuiste, no sabes qué despacio
pasa el tiempo en Madrid. He visto una película
que ha terminado apenas hace un siglo. No sabes
qué lento corre el mundo sin ti, novia lejana.

Mis amigos me dicen que vuelva a ser el mismo,
que pudre el corazón tanta melancolía,
que tu ausencia no vale tanta ansiedad inútil,
que parezco un ejemplo de subliteratura.

Pero tú te has llevado mi paz en tu maleta,
los hilos del teléfono, la calle en la que vivo.
Tú has mandado a mi casa tropas ecologistas
a saquear mi alma contaminada y triste.

Y, para colmo, sigo soñando con gigantes
y contigo, desnuda, besándoles las manos.
Con dioses a caballo que destruyen Europa
y cautiva te guardan hasta que yo esté muerto.

(*El otro sueño,* 1987)

17.
RITA

a la memoria de Manuel Alvar

Rita, ¿qué vas a hacer el domingo? ¿Hay domingos
donde vives? ¿Hay citas? ¿Se retrasa la gente?
No sé por qué te agobio con preguntas inútiles,
por qué sigo pensando que puedes contestarme.
Sé que te gustaría tener voz y palabras
en lugar de silencio, y escapar de la tumba
para contarme cosas del país de los muertos.
Pero no puedes, Rita, ni yo debo soñarte
una noche de agosto tan viva como entonces.
Hay que guardar las formas. Al cabo, los domingos
son los días peores para salir de casa.

(*El otro sueño,* 1987)

50

18.

LA MALCASADA

a Jon Juaristi

Me dices que Juan Luis no te comprende,
que solo piensa en sus computadoras
y que no te hace caso por las noches.
Me dices que tus hijos no te sirven,
que solo dan problemas, que se aburren
de todo y que estás harta de aguantarlos.
Me dices que tus padres están viejos,
que se han vuelto tacaños y egoístas
y ya no eres su reina como antes.
Me dices que has cumplido los cuarenta
y que no es fácil empezar de nuevo,
que los únicos hombres con que tratas
son colegas de Juan en IBM
y no te gustan los ejecutivos.
Y yo, ¿qué es lo que pinto en esta historia?
¿Qué quieres que haga yo? ¿Que mate a alguien?
¿Que dé un golpe de estado libertario?
Te quise como un loco. No lo niego.
Pero eso fue hace mucho, cuando el mundo
era una reluciente madrugada
que no quisiste compartir conmigo.
La nostalgia es un burdo pasatiempo.

Vuelve a ser la que fuiste. Ve a un gimnasio,
píntate más, alisa tus arrugas
y ponte ropa sexy, no seas tonta,
que a lo mejor Juan Luis vuelve a mimarte,
y tus hijos se van a un campamento,
y tus padres se mueren.

(*El otro sueño*, 1987)

19.
NOCHE DE RONDA

En otro tiempo hubieras empleado la noche
en hablarle de libros y de viejas películas.
Pero ya eres mayor. Ahora sabes que a ellas
les aburren los tipos llenos de nombres propios,
que tu bachillerato les tiene sin cuidado.
De modo que le dejas tomar la iniciativa,
desconectas y finges que escuchas sus historias,
que invariablemente —recuerdas de otras veces—
versan sobre el amor, los viajes, la dietética,
su familia, el verano, la buena forma física,
el más allá, las drogas y el arte postmoderno.
De cuando en cuando asientes, recorriendo sus ojos
con los tuyos, rozando levemente sus muslos,
y elevas a los cielos una angustiosa súplica
para que aquella farsa termine cuanto antes.
Pasarán, sin embargo, todavía unas horas
hasta que, ebria y afónica, se abandone en tus brazos
y obtengas la victoria pírrica de su cuerpo,
que, pese a los asertos de tres o cuatro amigos,
será muy poca cosa. Y, cuando esté dormida,
saldrás roto a la calle en busca de una taza
de café gigantesca, maldiciendo las copas

que arruinaron tu hígado en la estúpida noche
y pensando que, al cabo, merece más la pena
no comerse una rosca y hablarles de tus libros,
amargarles la vida con Shakespeare y con Griffith.
O buscarse una sorda para que nada falte.

(*El otro sueño,* 1987)

20.
LA VENUS DE WILLENDORF

Entre las chicas norteamericanas
que estudian español en la academia
de enfrente de tu casa, hay una gorda
que es igual que la venus de tus sueños.
Bajo una camiseta de elefante
que pone *University of Indiana*
(Jones) y unos pantalones de hipopótamo,
se mueve por el mundo con el arte
que le da su ascendencia mitológica.
Hace ya varios días que vigilo
desde el balcón su cuádruple barbilla
y el Sol dorado de su cabellera.
Hace ya varios días que le envío,
cuando se pone a tiro de mis ojos,
dardos de amor y flechas de deseo.
Pero no llegan nunca a su destino.

(*El hacha y la rosa,* 1993)

21.
LA CITA

Te duchabas mil veces, te ponías
fijador en el pelo, y la esperabas
impaciente en la puerta del colegio.
Luego ibais a sentaros a aquel banco
del bulevar, o a casa de tus padres.
Pasó el tiempo. La magia de la cita
te llenó la cabeza de ilusiones.
«Estoy enamorado», comentabas,
orgulloso y feliz, a tus amigos.

(*El hacha y la rosa*, 1993)

22.
TIEMPOS DIFÍCILES

Era todo tan triste y tan absurdo.
No vivías apenas. Te colgabas
de la pared de la melancolía
y veías pasar las lentas horas
que hacia nada conducen y hacia nunca.
Las mujeres te habían retirado
su protección, los dioses su asistencia
y la literatura su cobijo.
Fueron tiempos difíciles aquellos.

(*El hacha y la rosa*, 1993)

23.
EL OLVIDO

La olvidé. Por completo. Para siempre
(o eso creía entonces). Me cruzaba
con ella por la calle y no era ella
quien se paraba ante un escaparate
de ropa deportiva, no era ella
quien compraba el periódico en un quiosco
y se perdía entre la muchedumbre.
Como si hubiera muerto. No era ella.
Su nombre era el de todas las mujeres.

(*El hacha y la rosa,* 1993)

24.
EPIGRAMA

Me gustó imaginar, como a todos los hombres,
que la chica que amaba se acostaba con otros,
que se lo hacía incluso con gente de su sexo,
para darle más morbo y más psicopatía.
Me divirtió sufrir con esos disparates,
pensar que aquellas curvas que tanto me excitaban
habían sido de tirios y serían de troyanos.
Pero traspasé el límite. Lo tomé tan en serio
que tuve que vengar mi honor nunca ofendido
en el plano real, que es el que menos cuenta.
Sí. La maté en el mismo lecho en que imaginaba
que me había engañado tan deliciosamente,
y luego me maté, por si cupieran dudas
de mi amor, silenciando críticas venideras.

Caminante que pasas al lado de esta tumba,
que estas palabras guíen tus pasos en la vida.
Por más que te divierta imaginarla en brazos
de alguien que no seas tú, no pierdas el sentido.
Mátala solo a ella, trocea su cadáver
y búscate otra chica para seguir soñando.

(*El hacha y la rosa,* 1993)

25.

EL DESAYUNO

Me gustas cuando dices tonterías,
cuando metes la pata, cuando mientes,
cuando te vas de compras con tu madre
y llego tarde al cine por tu culpa.
Me gustas más cuando es mi cumpleaños
y me cubres de besos y de tartas,
o cuando eres feliz y se te nota,
o cuando eres genial con una frase
que lo resume todo, o cuando ríes
(tu risa es una ducha en el infierno),
o cuando me perdonas un olvido.
Pero aún me gustas más, tanto que casi
no puedo resistir lo que me gustas,
cuando, llena de vida, te despiertas
y lo primero que haces es decirme:
«Tengo un hambre feroz esta mañana.
Voy a empezar contigo el desayuno».

(*El hacha y la rosa,* 1993)

26.
REMEDIA AMORIS

Fue una idea malísima lo de volver a vernos.
No hicimos otra cosa que intercambiar insultos
y reprocharnos viejas y sórdidas historias.
Luego te fuiste, dando un sonoro portazo,
y yo me quedé solo, tan furioso y tan solo
que no supe qué hacer salvo desesperarme.
Bebí entonces. Bebí como los escritores
malditos de hace un siglo, como los marineros,
y borracho vagué por la casa desierta,
cansado de vivir, buscándote en la sombra
para echarte la culpa por haberte marchado.
Primero una botella, luego dos, y de pronto
me puse tan enfermo que conseguí olvidarte.

(*El hacha y la rosa,* 1993)

27.
HELENA: PALINODIA

No, no es verdad, amor, aquella historia.
No llegó a seducirte aquel imbécil
de rizos perfumados. No te fuiste
precipitadamente de la fiesta
de nuestro aniversario, con los ojos
clavados en el bulto que emergía
de entre sus piernas, y con las narices
saturadas de droga. No embarcaste
en su yate de lujo con lo puesto
—que casi no era nada—, mientras yo
te buscaba en la calle como un loco,
creyendo que te había pasado algo.
No desapareciste de mi vida
como una exhalación y para siempre.
No puede ser verdad aquella historia.

(*El hacha y la rosa*, 1993)

28.
COLLIGE, VIRGO, ROSAS

Niña, arranca las rosas, no esperes a mañana.
Córtalas a destajo, desaforadamente,
sin pararte a pensar si son malas o buenas.
Que no quede ni una. Púlete los rosales
que encuentres a tu paso y deja las espinas
para tus compañeras de colegio. Disfruta
de la luz y del oro mientras puedas y rinde
tu belleza a ese dios rechoncho y melancólico
que va por los jardines instilando veneno.
Goza labios y lengua, machácate de gusto
con quien se deje y no permitas que el otoño
te pille con la piel reseca y sin un hombre
(por lo menos) comiéndote las hechuras del alma.
Y que la negra muerte te quite lo bailado.

(*Por fuertes y fronteras*, 1996)

29.
IN ILLO TEMPORE

Tus padres se habían ido a no sé dónde
y la casa quedó para nosotros,
lo mismo que el convento abandonado
del poema de Jaime Gil de Biedma.
Con la música a tope, preparaste
una mezcla explosiva en una jarra
mientras yo te quitaba, dulcemente,
la ropa de cintura para arriba.
Llenaste las dos copas hasta el borde.
Bebimos. Nos entró la risa tonta,
y se nos puso un brillo en la mirada
que subrayaba nuestra juventud,
y nos besamos como en las películas,
y nos quisimos como en las canciones.

Cuando la realidad era el deseo
y nuestro reino no era de este mundo.

(*Por fuertes y fronteras,* 1996)

30.

EL ENCUENTRO

a Juan Manuel de Prada

En Salamanca, el último noviembre,
te encontré por la calle, tan delgada
como entonces, pero con más arrugas.
Dabas clases de no sé qué muy raro
(Textología, por ejemplo) y eras
muy feliz explicando a tus alumnos
lo divino y lo humano. Me dijiste
que tus hijos quedaron en Madrid,
con su padre, y que solo los veías
—ya eran mayores— tres o cuatro veces
al año; que te habías doctorado
(¡por fin!) y que ahora solo te faltaba
ser funcionaria para ver el mundo
desde el lugar que merecías.
                                              Yo
te dije que bueno, que pasaba
por allí casualmente, que tenía
un amigo escritor en Salamanca
y que había venido a visitarlo.
Tú me dijiste: «¿Tienes mucha prisa
o podemos tomarnos algo juntos?».

Después de muchas copas, con el alba
siguiendo nuestra pista, te lo dije:
«Desde entonces no ha habido otra mujer».
Y en mi interior bullía la mentira
al alimón con el deseo, y todo
—aquel horrible bar, tú y yo, la noche—
era tan esperpéntico y absurdo
que se parecía a la vida.

(*Por fuertes y fronteras,* 1996)

31.
DE TANTO AMARTE Y TANTO NO QUERERTE

De tanto amarte y tanto no quererte
te has cansado de mí y de mis locuras
y le has prendido fuego a nuestra historia.
Tu ropa no perfuma ya la casa.
No queda una palabra de cariño
suspendida en el aire, ni una hebra
de azabache en la almohada. Solo flores
secas entre las páginas del libro
de nuestro amor, y cálices de angustia,
y un delirio de sombras en la calle.

(*Por fuertes y fronteras,* 1996)

32.
VAMOS A SER FELICES

Vamos a ser felices un rato, vida mía,
aunque no haya motivos para serlo, y el mundo
sea un globo de gas letal, y nuestra historia
una cutre película de brujas y vampiros.
Felices porque sí, para que luego graben
en nuestra sepultura la siguiente leyenda:
«Aquí yacen los huesos de una mujer y un hombre
que, no se sabe cómo, lograron ser felices
diez minutos seguidos».

(*Por fuertes y fronteras*, 1996)

33.
VOY A ESCRIBIR UN LIBRO

Voy a escribir un libro que hable de las (poquísimas)
mujeres de mi vida. De mi primera novia,
que me enseñó el amor y las puertas secretas
del cielo y del infierno; de Isabel, que se fue
al país de los sueños con el pequeño Nemo,
porque aquí lo pasaba fatal; de Margarita,
recordando unos jeans blancos y unos lunares
estratégicamente dispuestos; de Ginebra,
que dejó a Lanzarote plantado por mi culpa
y fundó una familia respetable a mi costa;
de Susana, que sigue tan guapa como entonces;
de Macarena, un dulce que me amargó la vida
dos veranos enteros; de Carmen, que era bruja
y veía el futuro con ojos de muchacho;
de la red que guardaba los cabellos de Paula
cuando me enamoré de su melancolía;
de Arancha, de Paloma, de Marta y de Teresa;
de sus besos, que izaron la bandera del triunfo
sobre la negra muerte, y también de su helado
desdén, que recluyó tantas veces mi espíritu
en la triste mazmorra de la desesperanza.
Voy a escribir un libro que hable de las mujeres
que han escrito mi vida.

(*Por fuertes y fronteras,* 1996)

34.
BÉBETELA

Dile cosas bonitas a tu novia:
«Tienes un cuerpo de reloj de arena
y un alma de película de Hawks».
Díselo muy bajito, con tus labios
pegados a su oreja, sin que nadie
pueda escuchar lo que le estás diciendo
(a saber, que sus piernas son cohetes
dirigidos al centro de la Tierra,
o que sus senos son la madriguera
de un cangrejo de mar, o que su espalda
es plata viva). Y cuando se lo crea
y comience a licuarse entre tus brazos,
no dudes ni un segundo:
bébetela.

(*Sin miedo ni esperanza*, 2002)

35.
A ALICIA, DISFRAZADA DE LEIA ORGANA

Si solo fuera porque a todas horas
tu cerebro se funde con el mío;
si solo fuera porque mi vacío
lo llenas con tus naves invasoras.

Si solo fuera porque me enamoras
a golpe de sonámbulo extravío;
si solo fuera porque en ti confío,
princesa de galácticas auroras.

Si solo fuera porque tú me quieres
y yo te quiero a ti, y en nada creo
que no sea el amor con que me hieres...

Pero es que hay, además, esa mirada
con que premian tus ojos mi deseo,
y tu cuerpo de reina esclavizada.

(*Sin miedo ni esperanza*, 2002)

36.
AMOR UDRÍ

Dame un beso fugaz en la frente. Reserva
lo demás para luego, ese luego excitante
que nunca llegará. Márchate de la alcoba.
Déjame con un palmo de narices, moviendo
tus divinas caderas, y quítate la ropa
despacio, salpicando de tus prendas más íntimas
el suelo de la casa. Que yo seguiré el rastro
de tu cuerpo y, al cabo, te encontraré desnuda
y diré, enarbolando un mínimo estandarte
de tela: «Ya te tengo. Dame un beso, mi vida».
Y tú desviarás los labios, y por mucho
que yo gima y suspire, seguirás en tus trece,
hurtándome la boca. Hasta que ya no pueda
más y, por un momento, me olvide de las normas
de Tántalo y de Sísifo, y te agarre la cara
muy fuerte con las manos, y te bese a mi vez...
en la frente, y te suelte con un gesto de rabia,
y lleguemos al éxtasis del placer más profundo
mirándonos, mirándonos, mirándonos.

(*Sin miedo ni esperanza*, 2002)

37.
ESTOY AQUÍ

Estoy aquí, mi amor, estoy aquí,
velando tus naufragios en las noches
en que nadie responde, en las heladas
madrugadas vacías, en las tardes
de desesperación y de locura.
Pon en duda, si quieres, que la Tierra
gire en el desolado precipicio
del espacio infinito alrededor
del Sol, o que los astros sean fuego,
o que el amargo río de la vida
desemboque en la muerte. Pero nunca
dudes de que, en la fiebre del fracaso
o en la sed de la angustia, en el abismo
de la ansiedad y del desasosiego,
estoy aquí, amor mío, estoy aquí.

Aunque tú no me veas ni me oigas.

(*Sin miedo ni esperanza*, 2002)

38.
NO SÉ CÓMO LO HACES

No sé cómo lo haces, pero siempre me pillas
desprevenido, inerme, con la guardia tan baja
que podrías robarme mis tesoros más íntimos
si te lo propusieras. Vienes de no sé dónde
de paso hacia ninguna parte, y me bombardeas
el alma con tus ojos, y no sé qué decirte
más que «me rindo», cosa que sirve de bien poco
porque en seguida, armada con el resto del cuerpo,
me envías una nueva andanada de bombas
y me das a entender que, en tu guerra-relámpago,
no hay cautivos que valgan y que solo la muerte
saldará nuestra deuda, aunque sea una muerte
de amor y de deseo.

(*Sin miedo ni esperanza,* 2002)

39.

EN EL SUPERMERCADO

Cualquier lugar es bueno para el odio,
hasta el supermercado. «¿Por qué compras
esto en lugar de aquello? ¿Estás de oferta
o qué? ¿Crees que soy tonto y que no oigo
las cosas que te dice el pescadero?
Me aburro. No te aguanto. No te olvides
de la botella de ginebra. ¡Ah, no,
déjate de comida preparada!
Aprende a cocinar como mi madre».
«Cuando tú aprendas a comerme el coño».

(*La vida en llamas,* 2006)

40.
TAMAÑO NATURAL

No se enfada nunca conmigo.
No le importa si me emborracho,
si no traigo dinero a casa
o si me olvido de su santo.
No se enternece si, entre besos
y entre dulcísimos abrazos,
le musito: «Agujero mío»,
no se entera cuando la engaño,
ni se ríe al contarle un chiste,
ni se quema cuando me abraso.
Debería librarme de ella
—bastaría un simple pinchazo—,
pero nunca podría hacerlo
porque la amo, la amo, la amo.

(*La vida en llamas,* 2006)

41.
NO PUEDO SOPORTARLO

Me da igual tu tendencia a desnudarte
delante de la gente. No me importa
que confundas «deber de» con «deber»,
o que emplees «dijistes» por «dijiste»
poniéndote analógica, o que duermas
con pastillas catorce horas al día.
Puedo aguantar la selva de vacío
donde vives, tu frío y tu calor
—siempre desmesurados—, tus histerias,
esa higiene obsesiva que te gastas.
Puedo olvidar que fueses drogadicta
(¿quién no lo ha sido alguna vez?), tus siestas,
tu narcisismo, tus ovulaciones.
Me tiene sin cuidado que me engañes
con tu perrita de bolsillo. Pero
hay algo que no puedo perdonarte,
y es que te pongas el disfraz odioso
de vulgar manualista de autoayuda
y me aconsejes cosas como: «Haz
lo que te venga bien en cada instante»,
«Vive al día», «No pienses para nada
en el pasado ni en el porvenir»,

«Sé independiente», «No hipoteques nunca
tus horas libres», «Sácale a tu prójimo
todo el jugo que puedas», «Sé feliz».
No puedo soportarlo, vida mía.
Me horroriza. No puedo soportarlo.

(*La vida en llamas,* 2006)

42.
FE DE ERRATAS

Te mentí, vida mía. Donde dije
«te quiero», pon «te quiero con locura».
Donde dije «me muero por tus huesos»,
quise decir «me muero por tu carne».
Donde dije «lo nuestro es para siempre»,
debí decir «lo nuestro es donde nunca»,
en un mundo en que no mueren las rosas,
en un mundo de fe, libre de erratas.

(*La vida en llamas,* 2006)

43.
PUERTA ABIERTA

«¿Te gusta mi corpiño?». (Aquel corpiño
y un antifaz de raso eran sus únicas
concesiones al *lobby* de la tela).
«¿Te gusta mi perfume?». (Aquel perfume
derretía el cerebro como el polvo
blanco de la novela de Arthur Machen
y no dejaba sana una neurona).
«¿Qué es lo que más te gusta de mi cuerpo?».
(Díganme que podría responder
a una pregunta tan abstracta). «Cómeme».
(Y me puse, sin más, a la tarea).

(*El reino blanco,* 2010)

44.
PUERTA CERRADA

¿Me abrirías la puerta? Era importante
pensar qué llevarías puesto entonces.
O qué no llevarías. O si aquello
se quedaría en un *paraklausíthyron*.
Pasé todo un verano imaginando
cómo te dirigías a la puerta,
cómo manipulabas los cerrojos,
cómo, al fin, te mostrabas a mi vista
y me decías: «Pasa, no te quedes
ahí. La noche es larga, interminable.
En esta casa no se duerme nunca».

(*El reino blanco,* 2010)

45.
PRIMAVERA Y ESTÍO

La mayor se llamaba Primavera
y la menor, Estío. Se educaron
con monjas, en un Norte inhabitable
donde el invierno no acababa nunca.
Sometidas muy pronto en el colegio
a vejaciones mil de índole lésbica,
fueron a ver, confusas, a un psicólogo,
a contárselo todo. Este les dijo:
«Pelillos a la mar, queridas niñas».
Estío respondió: «Pelos en boca».
Y se bajó al pilón de Primavera.

(*El reino blanco,* 2010)

46.
SAFO Y FAÓN

Desengañaos, Faón era una chica.
Safo no conoció el amor de hombre.
Ni falta que le hacía. En su cortejo
de una niña de formas opulentas
que llegó de Corinto, la llamaba
Faón, en masculino, y la vestía
de muchacho por morbo, comprimiendo
sus pechos indomables con ayuda
de un ceñidor y vendas a destajo.
Faón, un día, se cansó de tanta
presión y dejó a Safo por un chico.

(*El reino blanco,* 2010)

47.
MATILDE URBACH

Dios que vives y reinas en el cielo,
que manejas el rayo y, a la vez,
la piedad infinita, presta ayuda
a mi amigo, pues desde que se hizo
de noche no lo he visto y ya muy pronto
se hará de día.
Buen amigo, álzate,
suavemente del lecho, pues la estrella
que anuncia el día asoma por oriente.
Te lo digo cantando, como el pájaro
que va en busca del día por el bosque.
Una y mil veces te lo digo: tengo
miedo de que el celoso te sorprenda.
Desde que te dejé, no ha transcurrido
un solo instante sin que, de rodillas,
haya rogado al Dios de mis mayores
que vuelvas sano y salvo, pues se acerca,
irremediablemente, la mañana.

—No insistas, compañero. Con Matilde
Urbach desfalleciendo entre mis brazos,

no me importan ni Borges, ni Giraut
de Bornelh, ni esas luces implacables
con que se anuncia el alba de mi muerte.

(*Cuaderno de vacaciones,* 2014)

48.
SONETO AMOROSO CON ESTRAMBOTE, ENMENDANDO LA PLANA A CECCO ANGIOLIERI

Si fuese fuego, te calentaría
(y hasta te encendería el cigarrillo).
Si fuese viento te daría brillo
besándote, y tu pelo rizaría.
Si fuese mar, mis olas te daría
para que protegieran tu castillo.
Si fuese Dios, me haría en ti un ovillo
y a tu imagen el mundo crearía.
Si fuese papa, te convertiría
en papisa. Si fuese emperador,
reina del orbe te proclamaría.
Si fuese muerte, todo tu dolor
y toda tu tristeza mataría
y no me acercaría a ti, mi amor.
Si fuese Luis Alberto, que lo soy,
serías para mí la noche, el día,
el mañana, el ayer, el siempre, el hoy.

(*Cuaderno de vacaciones*, 2014)

49.
AMOR INDESTRUCTIBLE

No es tan débil tu amor como parece.
Se resquebraja a veces, se cuartea,
pero nunca se rompe. Es un amor
virtual, una apariencia, un espejismo,
un embeleco, una ilusión, el sueño
de una sombra, un delirio, una quimera.
Pero resiste la presión del odio,
y perdona, y olvida, como olvida
y perdona a la noche la mañana.

(*Cuaderno de vacaciones,* 2014)

50.
TODO ESO ES AMOR

Un garfio que te arranca el corazón,
un roedor que roe tus entrañas,
la más terrible de las alimañas,
una droga que anula la razón,

un coche que se estrella y un avión
que se cae, un estanque con pirañas,
una sarta de embustes y patrañas,
la cumbre del horror y la abyección...

Todo eso es amor, pero también
amor es una vieja melodía
que te atraviesa de felicidad,

un cóctel de belleza, paz y bien,
una mina de luz y de alegría,
una bomba contra la soledad.

(*Después del paraíso*, 2021)

Índice